LA FONTAINE

El ratón de campo y el ratón de ciudad

El ratón de ciudad convencía al de campo de lo buena que era su vida. Cuando entró el dueño y tuvieron que refugiarse, el ratón de campo dijo:

—¿A esto le llamas vida? Yo me alimento de trigo, pero no sufro tantos sobresaltos.

La tranquilidad es renunciar a ciertos lujos

La Fontaine

El ciervo, el manantial y el león

El ciervo, contemplándose en el manantial, estaba muy orgulloso de su hermosa cornamenta, pero muy disgustado por sus patas, que eran finas y débiles. Un día un león le persiguió y se puso a salvo gracias a sus ágiles patas, pero al entrar en el bosque se enganchó los cuernos en unas ramas y así el león lo capturó y lo mató.

En ocasiones despreciamos lo que realmente más nos ayuda

La Fontaine

La paloma y la hormiga

Una paloma que
bebía en un arroyo
ayudó a una hormiga
a cruzar la corriente
acercándole una hoja
para que pudiera
subirse. En ese
momento llegó un
cazador, pero cuando
iba a disparar a la
paloma, la hormiga le
picó en un pie y así la
paloma pudo salvarse.

El mejor agradecimiento es el que se da cuando más se necesita

La Fontaine

El consejo de los ratones

En Ratópolis había un enorme gato que perseguía a todos sus habitantes, por eso los ratones se reunieron en un consejo. Roequeso propuso atarle un cascabel al gato para oírle llegar cuando viniera. Todos estuvieron de acuerdo en que era muy buena idea, pero ¿quién sería el encargado de ponérselo?... Uno a uno se disculparon diciendo que no podían hacerlo.

Opinar es fácil, lo difícil es actuar

La Fontaine

La cigarra y la hormiga

Mientras la hormiga buscaba comida en verano, la cigarra lo pasaba cantando. Llegó el invierno y la cigarra fue a pedir comida a la hormiga.

—¿Qué hacías en verano mientras yo recogía comida? –preguntó la hormiga enfadada.

—Cantaba –respondió la cigarra.

—Pues entonces –dijo la hormiga– baila ahora.

No dediques tu vida sólo a
la diversión; trabaja y
guarda para los momentos
de escasez

La Fontaine

La tortuga y los patos

—Nos vamos –le dijeron dos patos a una tortuga.

—¡Quiero acompañaros!
—No sabes volar –le dijeron.

—Coged una rama con el pico y yo me sujetaré con la boca –sugirió ella.

Al pasar por unos sembrados, los campesinos gritaron asombrados:

—¡Una tortuga volando!

—¡A que soy maravillosa!

Pero al hablar, se soltó del palo y cayó al suelo.

Si te aplauden, acepta el éxito con modestia y no trates de obtener mayor admiración

La Fontaine

El gallo y la zorra

La zorra le dijo al gallo que estaba en una rama:

—Ya no seré tu enemiga, baja y te daré un beso.

—Hermana zorra –respondió el gallo–, los dos galgos que veo venir también celebrarán la noticia, quédate y nos besaremos todos.

—Mejor celebraremos otro día nuestra amistad –dijo la zorra huyendo de los perros.

A los malvados es más fácil combatirlos con sus mismas trampas

La Fontaine

El león y el mosquito luchador

Un mosquito retó al león diciendo que era más fuerte. El mosquito comenzó a picarle en el morro y el león, intentando espantarle, sólo conseguía hacerse arañazos, por lo que tuvo que rendirse. Más tarde, el mosquito fue a caer en una tela de araña, donde quedó preso y fue devorado por una pequeña araña, aunque antes hubiera vencido al león.

Procura que la dicha por haber alcanzado el éxito no arruine tu vida

La Fontaine

La zorra y el cuervo

Un cuervo iba a comerse un trozo de queso en lo alto de una rama cuando apareció una zorra y le dijo:

—Eres muy hermoso, pero cantas muy mal.

El cuervo, molesto, abrió el pico dejando caer el queso para demostrar lo bien que cantaba y la zorra aprovechó para quitárselo.

Evita las provocaciones

La Fontaine

El lobo y la cigüeña

Al lobo se le atravesó un hueso en la garganta mientras comía. Fue a ver a la cigüeña y le dijo que, si se lo quitaba, le daría una recompensa. La cigüeña extrajo el hueso con su largo pico y pidió al lobo la recompensa prometida, pero el lobo respondió:

—¿Acaso te parece poco que te perdone la vida?

Nunca te fíes del trato con los malvados

La Fontaine

El asno cargado de esponjas y el asno cargado de sal

El asno cargado de sal se quejaba del peso y del esfuerzo mientras que el asno cargado de esponjas se burlaba. Llegaron a un río y el asno cargado de sal lo cruzó sin problemas, pues la sal se disolvió con el agua y lo mantuvo a flote. El otro asno notó cómo las esponjas absorbían el agua multiplicando el peso y se ahogó.

Nunca te dejes engañar por la primera impresión, lo que cuenta es el resultado final

La Fontaine

La golondrina y la siembra

La golondrina vio que el hombre estaba sembrando caña, así que advirtió a las otras golondrinas que arrancaran las semillas antes de que crecieran, pues con la caña el hombre fabricaría jaulas para encerrarlas. Las golondrinas, perezosas, dejaron que la caña creciera. Nuestra golondrina pudo huir, pero sus hermanas fueron atrapadas en las jaulas fabricadas con la caña.

Es más fácil eliminar
el peligro en los comienzos que
cuando ya está instalado

La Fontaine

El león y el ratón

Un ratón molestaba a un león. Para librarse de la furia del león, el ratón le dijo:

—Si me perdonas la vida, un día te haré un favor.

El león se burló, ¿cómo iba a ayudarle un animal tan pequeño? Pero le dejó marchar. Más tarde, el león cayó en una trampa y el ratón lo liberó royendo las cuerdas.

—Ya ves –le dijo– soy pequeño, pero te he salvado la vida.

Por insignificantes que nos parezcan, nunca debemos subestimar a los demás

La Fontaine

El asno con la piel de león

Un día un asno encontró la piel de un león y decidió ponérsela encima para asustar a los otros animales. Así ocurrió, todos los animales huían al verlo. Desgraciadamente, tropezó con un labrador que, cuando se fijó en que las largas orejas sobresalían de la piel, lo molió a palos por el susto que le había dado.

Nunca trates de aparentar lo que no eres

LA FONTAINE

Las liebres y las ranas

Las liebres se quejaban de que su vida estaba llena de sobresaltos por culpa de los cazadores y las águilas, cuando al llegar a un estanque espantaron con sus saltos a todas las ranas, que huyeron lanzándose al agua. Entonces, una liebre dijo:

—No debemos lamentarnos tanto, ya veis que nosotras también podemos provocar el miedo ajeno.

No hay en la tierra un cobarde que no encuentre otro más cobarde todavía

La Fontaine

El león envejecido

El rey de la selva estaba débil y cansado por los años, no podía defenderse y todos los animales aprovechaban para vengarse de su ferocidad cuando fue joven. El caballo le dio una coz, el lobo, una dentellada, pero cuando vio venir al asno, el león dijo:

—¡Acepto morir, pero sufrir tus insultos es morir dos veces!

Recibir un castigo de personas preparadas es aguantable, pero recibirlo de los ignorantes es deprimente

LA FONTAINE

El lobo y el perro

El lobo estaba tan flaco y maltrecho que envidiaba la salud del perro.

—Si vienes conmigo a la granja –dijo el perro– comerás bien todos los días, sólo tienes que obedecer al amo.

Pero cuando el lobo vio las heridas que la argolla de la correa le causaban al perro, se marchó diciendo:

—Mi libertad es más preciosa que cualquier tesoro.

No vendas tu libertad a ningún precio

La Fontaine

El hombre gato

A una mujer solitaria se le apareció un hada que le concedió un deseo.

—Quiero un marido tan bueno como mi gato –pidió ella.

Todo hubiera salido de maravilla si un ratón no hubiera aparecido en mitad de la boda, pues el marido se puso a perseguirlo bufando a cuatro patas.

Actúa según tu naturaleza

Hartzenbusch

Los caracoles

Dos caracoles tuvieron fuerte disputa sobre quién mayor carrera en menos tiempo haría. Una rana les decía:

—Yo sospecho que sois ambos algo duros de mover; antes de echar a correr, mirad si podéis andar.

No presumas de virtudes que a otros parecen defectos

ESOPO

Los perros hambrientos

Andando por un camino, unos perros hambrientos vieron que en el fondo de un arroyo había unas pieles puestas a limpiar.

Como no podían alcanzarlas, decidieron beberse primero el agua para poder llegar a las pieles con mayor facilidad.

Lo que sucedió fue que, de tanto beber, reventaron.

Los caminos más rápidos no siempre son los más seguros

HARTZENBUSCH

La luciérnaga y el sapo

En un jardín vivían una luciérnaga y un sapo, que se moría de envidia al ver su suave brillo. En cuanto pudo, la atrapó e intentó asfixiarla.

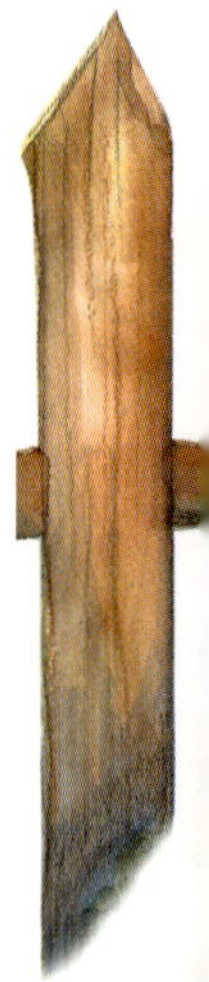

—¿Por qué me haces esto, si yo no te he atacado? -preguntó la luciérnaga ingenua.

—¿Por qué brillas de ese modo? -contestó el sapo-. Eso es para mí la mayor ofensa.

Cuídate siempre de los envidiosos

Esopo

La zorra y la pantera

La zorra y la pantera discutían sobre la belleza.

—¡No me negarás que soy hermosa! –decía la pantera–. Mi piel negra y aterciopelada es incomparable.

—¡Mucho más hermosa soy yo! –contestó la zorra–. No por mi apariencia o mi cuerpo, sino por mi inteligencia y mi espíritu.

Las cualidades mentales y espirituales son más importantes que las físicas

HARTZENBUSCH

El renacuajo y la rana

—¡Deberías avergonzarte! -dijo la rana al renacuajo-. Para que te enteres, cuando yo era un renacuajo, era más hermosa que tú; no tenía esa horrible cola.

Y el renacuajo, sin inmutarse, le respondió:

—Eso es lo que yo pensaba. Tú jamás has sido renacuajo.

Cada edad tiene sus propias características

HARTZENBUSCH

El águila y el caracol

Vio llegar el águila real hasta su nido a un torpe caracol, y exclamó sorprendida:

—¿Cómo, con ese andar tan perezoso, subiste a visitarme tan arriba?

—Subí, señora –contestó el baboso– a fuerza de arrastrarme.

Todo se puede conseguir a base de esfuerzo, por muy difícil que parezca

Hartzenbusch

Los tres quejosos

—¡Qué mal -gritó la mona-
que estoy sin rabo!

—¡Qué mal estoy sin astas!
-repuso el asno.

Y, a continuación, dijo el
topo:

—Más debo yo quejarme,
que estoy sin ojos.

No reniegues, Camilo, de tu
fortuna que otros podrán
dolerse más de la suya.

Si se repara, nadie en el mundo tiene dicha completa

Esopo

El león y el asno salvaje

El león y el asno salvaje se asociaron para cazar. El león usaba la fuerza y el asno las coces. Cuando acabaron, el león dividió la caza en tres partes, y dijo:

—La primera es mía por ser el rey; la segunda, por ser tu socio, y la tercera… mejor vete y olvídala si no quieres que te vaya muy mal.

Procura asociarte con los que son de tu condición, porque los poderosos pueden abusar de ti

Esopo

El camello, el elefante y el mono

Los animales se reunieron para elegir un rey. El camello y el elefante pensaban ser los más votados por su fuerza, pero llegó el mono y dijo:

—El camello no sirve, porque se encoleriza fácilmente, y el elefante tampoco, porque si nos ataca un cerdo, no nos podrá defender.

La fortaleza se mide en el punto más débil

FEDRO

El perro y su reflejo en el río

A un río llegó un perro con un hueso en la boca. Al ver su reflejo en el agua pensó que se trataba de otro perro y, envidiando el hueso del otro, decidió quitárselo.

Pero al abrir la boca y hundir la cabeza en el río, el hueso se le cayó.

No codicies el bien ajeno

FEDRO

El gallo y la perla

El gallo más comilón del gallinero buscaba algo que llevarse al pico, pero como los pollitos habían acabado con los granos de maíz, no encontraba nada.

Entonces, enterrada en la tierra, encontró una hermosa perla, pero el gallo se apenó:

—¡Qué lástima haberte encontrado!: Ni yo puedo ser de provecho para ti, ni tú me sirves de nada.

Por falta de preparación se desprecian las cosas más valiosas

FEDRO

Los toros y las ranas

Dos toros se peleaban en un prado mientras dos ranas los observaban y suspiraban con tristeza:

—Uno de ellos perderá y será expulsado del prado, entonces vendrá a nuestra charca y nos traerá malas consecuencias a todas.

Así fue, el perdedor se fue al estanque y todos los días aplastaba con sus pezuñas a las ranas.

Así ocurre con los poderosos: sus peleas perjudican finalmente a los más débiles

FEDRO

El pavo real que se quejaba a la diosa Juno

El pavo real se quejaba a la diosa Juno diciendo:

—El ruiseñor, que es un pajarillo insignificante, tiene una hermosa voz y yo tengo un canto horrible, no es justo.

—¡Cállate, pájaro envidioso! –le respondió la diosa–. El ruiseñor canta bien, el loro puede hablar, el halcón es veloz, pero ninguno tiene los colores tan bonitos como tú.

Debemos estar satisfechos con nuestras cualidades y no envidiar las ajenas

FEDRO

El asno y la lira

Un asno se encontró una lira abandonada y trató de tocar una hermosa canción con sus cascos, pero no lo logró. Entonces, abatido, se dijo:

—¡Qué mala suerte!, yo no sé tocar la lira; si te hubiese encontrado otro más sabio que yo, habría podido disfrutar con tus agradables melodías.

El éxito sólo se consigue teniendo las condiciones adecuadas

FEDRO

El hombre al que mordió un perro

Un hombre había sido mordido por un perro. Un vecino le dijo que le diera al perro un trozo de pan empapado en su sangre, pero él respondió:

—¡Si hiciera eso, todos los perros del pueblo vendrían a morderme!

Grave error es halagar la maldad, pues con ello incitas a hacer más daño todavía

Fedro

El águila, la corneja y la tortuga

Un águila atrapó a una tortuga, pero como estaba protegida por su caparazón, no podía romper la concha para comérsela. Una corneja que pasaba, le dijo:

—Tírala desde lo alto y verás cómo se hace tortilla contra el suelo.

Así hizo el águila y, además, invitó a la corneja a comerse la tortuga con ella.

Hay que tener cuidado de los poderosos, más aún si reciben consejo de los maliciosos

FEDRO

El hombre y la piedra

Al llegar a los baños, Esopo vio a muchos hombres tropezar con una piedra que había en la puerta; sólo uno se agachó y la retiró. Cuando volvió a casa, el amo le preguntó si había mucha gente en los baños, y él respondió:

—No, en los baños había solamente un hombre.

Sólo los hombres pueden utilizar su inteligencia para evitar los obstáculos y salvar de ellos a los demás

FEDRO

La rana que quiso ser como el buey

Una rana sentía envidia del tamaño del buey, así que empezó a hincharse para ser como él:

—¿Soy tan grande como el buey? -preguntaba a las demás.

Hizo tantos esfuerzos para parecerse al buey, que acabó por reventar.

Quédate siempre en el lugar que te corresponde